ÉLOGE

DE CHARLES
DE SAINTE-MAURE,

DUC

DE MONTAUSIER,

Pair de France, Gouverneur du Dauphin,
Fils de LOUIS XIV.

AVEC DES NOTES HISTORIQUES.

DISCOURS qui a concouru pour le Prix
de l'Académie Françoise, en 1781.

Par M. PERCHERON, Professeur au College
de Chartres.

Justum, & tenacem propositi virum,
. . . .
Si fractus illabatur orbis,
Impavidum ferient ruinæ. HORAT.

Se trouve

A PARIS,

Chez LAMY, Libraire, quai des Augustins.

M. DCC. LXXXI.

ÉLOGE

DU DUC

DE MONTAUSIER.

Une Assemblée de Sages pouvoit-elle proposer un Eloge plus digne d'elle que celui de Montausier ? Nommer ce grand Homme, n'est-ce pas nommer la probité, la franchise & la droiture ? Le génie, les grands talens, ces qualités brillantes qui forment les Héros, méritent sans doute nos éloges & notre admiration. Les mettre souvent sous nos yeux, c'est nous élever l'ame, c'est

A 2

nous apprendre à nous eftimer nous-mêmes. Mais fi à la vue de ces grands modeles, notre imagination s'exalte ; fi nous fommes pénétrés de la noblefle & de la dignité de l'homme ; fi nous nous croyons pour un inftant des Héros, la réflexion diffipe bientôt après l'illufion : elle nous ramene à notre impuiffance, & nous voyons alors avec un fentiment douloureux la diftance immenfe qu'il y a entr'eux & nous. Il eft un autre genre de mérite, qui rentre plus dans l'ordre focial, parce qu'il intérefle les hommes de tous les états, parce qu'ils peuvent y parvenir jufqu'à un certain point. L'homme n'eft point obligé d'avoir du génie, de grands talens ; c'eft le partage de quelques ames privilégiées : mais il faut qu'il foit vrai, il faut qu'il foit droit & integre. Quand ce mérite eft porté à un degré éminent, il est supérieur aux talens qui donnent, il est vrai, beaucoup de ressort à l'ame ; mais qui ne reçoivent que trop souvent leur impulsion des passions, qui ne regardent que trop souvent les devoirs de l'humanité, comme des entraves, dont il leur est permis de s'affranchir à leur gré. Il est un héroïsme de probité comme il en est un de valeur & de courage. On peut parvenir au second par quelques coups d'éclat, par un heureux concours de circonstances. Le premier est le fruit d'une conduite soutenue, d'une conduite irréprochable ; il faut se roidir contre la corruption de son siecle ; il faut être fidele à ses principes, malgré tous les obstacles qu'on rencontre lorsqu'on veut faire le bien. Les pieges qu'on nous tend pour nous écarter des sentiers de la justice, le ridicule dont on veut nous couvrir pour nous arracher à la vertu, la liberté qu'on a dans un haut rang de s'élever au-deſſus des Loix, la facilité qu'on a de ſe livrer à ſes penchans : tout conſpire à nous égarer & à nous ſéduire. Tout exige donc de nous des efforts continuels pour nous affermir dans le bien. Exceptez quelques circonſtances aſſez rares, le Héros eſt déplacé dans la ſociété, & ſouvent dangereux. L'homme de probité y eſt toujours néceſſaire : c'eſt un homme ſolide : c'eſt un homme eſſentiel. Son mérite eſt de tous les lieux & de tous les temps. Auſſi peut-on dire avec un Philoſophe ingénieux du dernier ſiecle, que l'homme vertueux peſe plus qu'un Héros. Si jamais quelqu'un nous en a fourni la preuve, c'eſt l'illuſtre Montauſier, ſoit dans ſa vie publique, ſoit dans ſa vie privée. On oublie ses talens, son courage intrepide, pour ne se souvenir que de sa franchise & de sa droiture.

Sorti d'une maison où la probité étoit héréditaire, où la simplicité des mœurs antiques s'étoit toujours conservée, ce précieux patrimoine ne fit qu'augmenter dans ses mains. On vit éclater en lui dès son enfance cette fierté de caractere, incapable de se plier au déguisement & à la dissimulation : cette droiture inflexible, cet amour du vrai qui caractérise une belle ame. Une éducation mâle & févere, (1) contribua à renforcer son caractere. Sous la discipline d'une mere vraiment digne de ce nom par ses vertus, par sa fermeté, par son tendre & généreux dévouement pour ses enfans, son corps s'endurcit de bonne heure à la fatigue & au travail, son ame puisa ces principes d'honneur & d'équité qui nous enchaînent à nos devoirs. Au-dessus du préjugé absurde qui livroit en ce temps-là l'étude & les sciences au mépris, ou du moins à l'indifférence de la Noblesse & des Grands, cette mere sage & éclairée procura des Maîtres habiles à son fils, pour former son esprit aux sciences, comme elle avoit formé son cœur à la vertu. Ses progrès furent d'abord très-lents. Son humeur bouillante & impétueuse lassoit la patience de ses Instituteurs. On le jugeoit déjà peu propre pour la carriere littéraire. Mais il est des hommes qui doivent tout à la nature; ils sortent, pour ainsi dire, tout formés de ses mains. L'éducation ordinaire, qui suppose trop souvent dans les éleves le même esprit & le même caractere, est peu propre à développer leurs ta-

lens : il faut quelque circonstance sin-
guliere pour les faire éclore. Montausier
étoit de ce nombre. Son ardeur pour
l'étude s'allume au feu de la poësie (2), &
ce n'est pas la seule merveille qu'elle ait
opérée en ce genre. Tous les amuse-
mens auxquels il se livroit auparavant,
lui deviennent à charge : il se voue dès-
lors au travail. Semblable à ces personnes
qui ont été long-temps privées d'un bien
cher & précieux, & qui, après l'avoir ré-
couvré, en abusent dans les premiers
momens de la jouissance, son ame s'élan-
ce avec d'autant plus d'impétuosité au-de-
hors, qu'elle a été plus long-temps ren-
fermée en elle-même. Dans cette premiere
ardeur, il dévore tous les livres qu'il peut
trouver. Langues savantes, Histoire,
Poësie, Eloquence, tout est de son ressort.
L'enthousiasme poëtique s'empare même

de son esprit : il lutte contre ses modeles, & souvent avec succès (3).

Cette ardeur pour l'étude n'étoit
point chez lui un feu de la jeunesse : il
la conserva dans toutes les situations de
la vie. Dans le tumulte des camps & des
armées, dans les emplois les plus importans, Muses, vous fîtes toujours ses
délices. C'est dans votre commerce qu'il
se consola plus d'une fois de l'oubli &
de l'ingratitude des hommes, de leurs
injustices & de leurs mauvais procédés.
C'est dans votre commerce qu'il se dé-
chargeoit du poids des affaires, qu'il se
délassoit des fatigues de la représenta-
tion. Prisonnier de guerre chez nos ennemis, vous partagiez ses chaînes, vous
adoucissiez la rigueur de son sort. En
conversant avec vous, sa longue captivité devient pour lui un temps de réfle-

xion. Si son bras est enchaîné, la pensée est libre dans les fers. Après avoir paru un guerrier intrépide dans les combats, il médite en sage dans le silence de la retraite. Il puise dans une lecture immense cette variété, cette étendue de connoissances, si nécessaire pour former le cœur & l'esprit d'un Prince. Il se dispose sans le savoir à l'éducation de l'Héritier présomptif du premier trône de l'Europe : c'est ainsi que le grand homme se rend utile à sa Patrie dans quelque position qu'il se trouve. S'il ne peut plus agir pour elle, il pense, il médite pour l'éclairer & l'instruire. Toujours la gloire de sa Nation devant les yeux, il l'honore chez l'étranger par la solidité de son esprit & de son caractere.

C'est ce goût pour les Lettres, joint à son inclination naissante (4) pour

Mademoiselle de Ramboüillet, qui conduit Montaufier dans une Maison * célébre, qui étoit alors le centre de la politeſſe & de la ſcience. Tout ce que la Cour & la Ville avoient de plus grand, de plus vertueux, de plus éclairé & de plus poli, y entretenoit ce commerce d'idées & de ſentimens, qui a tant de charmes pour les eſprits délicats. Le mélange des deux ſexes y aſſocioit l'eſprit & la raiſon, la ſolidité du jugement & le brillant de l'imagination. Si les arrêts émanés de ce tribunal littéraire n'étoient pas toujours conformes au bon goût, on y puiſoit au moins cette délicateſſe, cette fleur d'eſprit qui embellit les fruits du génie. Les Gens du monde, les Hommes de Lettres gagnoient également à ce commerce. Les premiers ornoient leur eſ-

---

* L'Hôtel de Ramboüillet.

prit, se procuroient de nouveaux plai-
sirs. Les seconds adoucissoient leurs
mœurs. L'usage du monde leur apprenoit l'art de civiliser la science, de mêler
les fleurs de la conversation aux épines
de l'étude. On s'éclairoit réciproquement
par ces idées du premier moment, qui
sont ordinairement les plus justes & les
plus heureuses, par les traits de lumiere
qui sortoient de ces conversations savantes. Dans ce respectable lycée, la
vertu se montroit avec ses attraits les
plus touchans. Le Grand y apprenoit à
apprécier, à encourager, à protéger les
talens. L'Homme de Lettres y jouissoit
de la considération qu'il mérite, & mar-
choit d'un pas égal avec l'Homme en
place.

Montausier devint bientôt un des
principaux ornemens de cette illustre

Société, par l'étendue de ses lumieres, par ce goût sûr & délicat qu'il portoit dans les discussions littéraires, par ce ton de probité & de vertu qui regnoit dans ses entretiens. Toutes ces qualités fixerent sur lui les regards de la célébre Julie d'Angennes, qui étoit l'honneur de son sexe & la muse de cette illustre Compagnie. Déjà se formoient les nœuds qui devoient les unir l'un à l'autre. Cette union rencontra divers obstacles, & la constance de Montausier ne fut couronnée qu'après de longues épreuves.

Dans toutes ses études, ce grand Homme ne cherchoit que la vérité; c'étoit-là sa passion. La science n'étoit point chez lui un vain ornement, un aliment de l'orgueil & de la vanité. Plus jaloux d'être éclairé pour lui-même que

de briller aux yeux des autres, s'il con-
verſoit ſi aſſidument avec ces Sages de
l'antiquité, avec ces illuſtres morts qui
nous entretiennent encore du fruit de
leurs veilles, c'étoit pour ſe rendre plus
digne des emplois importans auxquels il
étoit appellé par ſa naiſſance & ſes talens.

Cet amour du vrai ne l'abandonne
point dans l'endroit même où il paſſe
preſque pour un vice. Montauſier paroît
à la Cour. Quel tableau pour un homme
de ce caractere ! Quel contraſte entre
ſon langage & ſes mœurs, & le langage
& les mœurs de ce ſéjour! Il veut s'y
montrer tel qu'il eſt, & tout le monde
n'y marche que le maſque ſur le viſage.
Il veut que ſa langue ſoit l'interpréte de
ſon cœur, & la diſſimulation y eſt la
premiere qualité de l'homme; & le ſeul

art qu'on y connoît & qu'on y cultive, c'eſt l'art de tromper le Souverain, l'art de ſupplanter ſes rivaux. Il veut y être libre, & il n'eſt entouré que de gens qui ſe font un honneur des chaînes qu'ils portent, & de leur ſervitude, qui n'ont point d'autre caractere que celui des miniſtres & des favoris du trône. Combien de fois ne rougit-il pas d'y voir l'homme ſi dégradé par l'intérêt, de ce mélange de hauteur & de baſſeſſe, de politeſſe & de perfidie, de cordialité & de bienveillance dans l'extérieur & les paroles, & d'égoïſme dans les ſenti-mens? En vain lui conſeille-t-on d'aſ-ſouplir ſon caractere, de devenir plus complaiſant, de ne montrer la vérité qu'avec ménagement. S'il faut des eſ-claves à la Cour, Montauſier a l'ame trop fiere pour jouer ce rôle & s'avilir.

Mes peres, dit-il, *ont toujours été fide-les serviteurs des Rois leurs maîtres ; mais ils n'ont pas été leurs flateurs.* Ecoutez ces paroles, hommes vendus à la faveur, vous qui n'avez pour tout mérite, & pour tout droit aux emplois & aux dignités, que l'art vil & dangereux de flater les penchans du Prince, d'abuser de sa confiance, d'égarer sa droiture & sa bonté. Cessez, cessez d'assiéger le trône, & d'enlever par une assiduité importune des récompenses qui ne sont dûes qu'aux services & aux talens. C'est dans les champs de Mars ou dans des emplois utiles & honorables qu'il faut mériter sa faveur & ses bienfaits. Au lieu de calomnier les grands Hommes qui se sacrifient pour le bien de l'Etat, au lieu de tourner en ridicule, & de censurer leurs services & leurs ex-

ploits, ayez le courage de les imiter ;
éloignez-vous de temps en temps du trône, & soyez citoyens.

Servir l'Etat & son Prince , voilà la
maniere dont Montausier veut faire sa
cour. Il va se ranger sous les drapeaux
des Veimar & des Guebriant. Devenu le
compagnon d'armes de ces deux grands
guerriers , il les sert utilement de son
bras & de ses lumieres , & s'en fait esti-
mer. Déjà je le vois fondre sur l'ennemi , le renverser , percer lui seul des es-
cadrons entiers (5). Déjà je le vois tout
couvert de blessures , chargé des tro-
phées de la victoire. Sa valeur est fran-
che comme son caractere. Il se préci-
pite au milieu des ennemis avec autant
d'intrépidité , qu'il foule aux pieds le
respect humain pour les intérêts de la
vérité. Est-il hors de la mêlée ? ce Lion

dans les combats est un vainqueur magnanime. Jamais il n'abuse de la victoire. Cette loi d'équité qui est gravée dans son cœur, il la porte au milieu des armées, où l'on ne reconnoît ordinairement que l'empire de la force, où l'on a la soif des désastres. Quelle humanité pour les vaincus! Quel zele pour réprimer la licence du Soldat, pour contenir sa cupidité dans les bornes de la justice! Le voit-on traîner après lui le ravage, l'incendie? exige-t-il de ces taxes, de ces contributions onéreuses qui, en enrichissant le vainqueur, font autant de monumens de son avarice & de sa dureté? Il sçait trop bien, ce grand Homme, que l'état de guerre est un état violent & directement opposé à celui de société, que les calamités qu'il entraîne avec lui, ne servent qu'à nourrir les an-

tipathies nationales. Il fçait trop bien
qu'il faut tempérer les loix rigoureufes
de la guerre par les principes d'humanité, que la néceffité qui nous force à
prendre les armes, doit être la mefure
du mal que nous pouvons faire à notre
ennemi. *Faifons craindre notre valeur*,
dit-il, *& non pas notre cupidité.*

Montaufier revient à la Cour couvert
de lauriers. Richelieu y portoit le fceptre de fon Souverain. Ce Miniftre, le
premier homme d'état de fon fiecle,
étoit fait pour occuper un trône. Jamais
homme ne fçut donner à l'autorité plus
de poids & de majefté. Jamais homme
ne connut mieux tout ce qui peut con-
tribuer à la gloire ou à la puiffance d'une
Nation. Il déployoit alors dans toute
fon étendue le génie de l'adminiftration.
L'afcendant qu'il avoit pris fur les Mi-

niftres des Cours étrangeres, pouvoir
le faire regarder comme le Miniftre de
l'Europe : il en faifoit mouvoir à fon
gré tous les refforts : il en régloit tout
le fyftême politique. Les opérations brillantes de fon miniftere couvroient de
gloire fa Nation, & jettoient les fondemens de cette fupériorité qu'elle a con-
fervée fur fes voifins jufqu'aux beaux
jours du dernier regne, & qu'elle reprend fous le regne fage & glorieux de
notre jeune Monarque. Ce grand Homme n'étoit pas fans défauts ; mais ces
défauts tenoient à la trempe de fon ame,
à la fierté de fon caractere. Ils portoient
cette empreinte de grandeur qu'on remarque dans tous fes projets, & toutes
fes entreprifes. On lui reproche des abus
d'autorité, des défauts de caractere, des
procédés contraires à l'humanité & à la

droiture. Juge-t-on alors Richelieu
en homme d'état ? Peut-on lui prêter
dans ses procédés les mêmes motifs qu'à
un particulier ? Accoutumé à considérer
les objets en masse, c'est le bien de la
Nation, & non celui de chaque indi-
vidu, qui doit déterminer un Ministre.
Il en est à cet égard de l'ordre politique
comme de l'ordre de la nature. Les acci-
dens qui arrivent dans celui-ci, les irré-
gularités apparentes, bien loin d'en
troubler l'harmonie, sont dans l'ordre
des choses ; de même certains procédés,
qui annoncent au premier coup d'œil de
la hauteur & du despotisme, sont souvent nécessaires dans l'ordre politique,
& sont justifiés par la raison d'état (6).
Richelieu entraîné par les circonstances
a pu aller trop loin, en rétablissant
l'autorité royale, en détruisant cette

eſpece d'ariſtocratie que les Grands formoient dans le Royaume. Mais tous les
hommes, dans le bien comme dans le
mal, ne ſont-ils pas extrêmes ? & n'eſt-
ce pas-là ſur-tout le défaut des ames
fortes, des grands caractéres ? Les reproches qu'on lui fait du côté du cœur,
ſont encore plus graves. On l'accuſe de
n'avoir travaillé que pour lui-même, en
procurant la gloire & la ſûreté de l'Etat.
On admire ſes actions ; mais on calomnie ſes motifs. Voilà votre ſort, hommes de génie, citoyens diſtingués par
vos talens, enſeveliſſez-vous dans la
mine, condamnez-vous à un travail ou
plutôt à un tourment perpétuel, privez-
vous de toutes les douceurs de la ſociété,
ou pour illuſtrer ou pour éclairer votre
Nation : vous ne travaillerez que pour
des ingrats. On jouira de vos bienfaits

en les cenfurant. En vain la reconnoiffance, ou le patriotifme élevera-t-il des monumens à votre gloire : l'envie ou le préjugé s'efforcera de les renverfer.

Le mérite de Montaufier n'échappe point à l'œil perçant du Miniftre. On lui confie le commandement d'une Province * à demi conquife, qui avoit été le théâtre de fes exploits. Le calme n'y pouvoit naître que du fein des orages & des tempêtes ; il falloit avoir fans ceffe les armes à la main pour repouffer les attaques de l'ennemi ; il falloit prévenir ou étouffer les complots que les nouveaux fujets pouvoient former pour rentrer fous la domination de leurs anciens Maîtres ; & les accoutumer

* l'Alface.

au nouveau joug qu'on leur avoit im-
pofé. Comme la conduite des Gens de
guerre aliene les cœurs des nouveaux
fujets ou nous les concilie, la difcipline
militaire eft fur-tout l'objet de fes foins
& de fon attention. Que j'aime à le voir
étouffer les querelles, réprimer là fureur des duels, ménager un fang qui
ne doit être verfé que pour la patrie,
fans s'écarter des principes de l'honneur !
Que j'aime à le voir établir cette police
exacte, qui fait la fûreté du citoyen livré à des emplois pacifiques, qui met un
frein à l'humeur altiere du Soldat, qui,
dans le fein de la patrie, ne fe croit que
trop fouvent en pays ennemi ! Quelle
attention pour furveiller les fubalternes, pour les animer par fes exemples !
Par cet efprit de modération, d'ordre
& d'équité, qui dirige toutes fes actions,

& qu'il fçait infpirer aux autres, il fait aimer la domination Françoife Après avoir livré bien des combats, après avoir furmonté mille obftacles, il a la gloire d'affurer à la France une Province importante. Nos frontieres, à l'ombre du bouclier de ce brave & généreux Citoyen, font refpectées, & jouiffent du même repos que l'intérieur du Royaume.

Pendant que Montaufier fe montre à la France fous de fi heureux aufpices, elle perd prefqu'en même - temps fon Miniftre & fon Roi. Les rênes de l'état que Richelieu avoit tenues avec tant de vigueur & de fermeté, vont flotter fous un Roi enfant (7), dans les foibles mains de Mazarin ; c'eft l'efprit qui remplace le génie ; c'eft la foupleffe & l'intrigue fubftituée à la hardieffe, à l'étendue, à la supériorité des vûes. Les petits moyens, les ressources du moment vont prendre la place de cette politique profonde, de cette marche noble & décidée, qui fait le caractere de l'administration de Richelieu. Inférieur à son prédécesseur dans ses talens & ses qualités comme dans ses défauts ; Mazarin ne porte dans le ministere ni cette fierté de caractere si nécessaire aux ames nées pour commander, ni cette élévation d'ame qui sçait annoblir les défauts mêmes. La connoissance qu'il a des hommes lui apprend plutôt à traiter avec eux, qu'à les gouverner. C'est un Négociateur qui est à la tête d'un vaste Empire, & non un Ministre.

Sous une administration foible une minorité est toujours agitée. Les prétentions se réveillent alors ; les liens de la

subordination se relâchent ; les mécon-
tens qui avoient été forcés d'étouffer
leurs murmures & de ronger leur frein
en silence, éclatent alors, & donnent le
signal de la révolte & de l'indépendance.
Condé & Turenne couvroient de lauriers le berceau du jeune Monarque, &
Montausier luttoit de valeur & d'intrépidité avec les deux Héros de la France (8). La Cour de son côté étoit livrée
à l'esprit de faction & d'intrigue. Déjà
se formoit l'orage qui devoit éclater
bientôt après, & interrompre le cours
de nos victoires. Parmi toutes les guerres civiles qui ont troublé le repos intérieur des Etats, celle-ci a un caractere
particulier. A travers la férocité qui regne dans les autres, on apperçoit des
traits de force, de générosité & de grandeur. Les ames ont une certaine éléva-

tion. Les caracteres ont plus d'énergie.
On remarque plus de concert & d'union
dans les sentimens & dans les vûes, plus
de suite dans les opérations. L'intérêt de
la religion ou de la liberté, qui animoit
ordinairement ces factions, inspiroit aux
esprits un enthousiasme qui les rendoit
indifférens pour tout autre objet, qui
ne connoissoit ni périls ni obstacles.
Dans la Fronde au contraire les rivali-
tés, les petites passions, les vûes parti-
culieres qui faisoient agir les chefs de
cette faction étoient des ressorts trop
foibles pour donner une impulsion aussi
forte aux esprits. Aussi les grands Hommes qui en étoient l'ame, y paroissent
petits. Héros dans les camps & dans les
armées, ils y jouent le rôle d'intri-
guants. Le choc des intéréts, l'opposi-
tion des vûes en rallentit continuelle-

ment les opérations ou en détruit l'effet. Il n'y a aucun point de ralliement : c'étoit donc un projet chimérique, de vouloir être le chef d'une faction, dont les membres avoient des vûes tout oppofées, qui n'avoient pour but que leur élévation particuliere. Les autres factions quoiqu'étouffées, ont encore laiffé des germes qui n'ont été détruits que long-temps après. L'incendie n'étoit pas éteint au point qu'il n'en reftât pas quelque étincelle. Dans la fronde, au contraire, les liens qui en uniffent les membres, font fi foibles, qu'on n'en voit plus aucune trace dès que l'autorité royale a repris l'afcendant. L'hiftoire de cette faction eft peut-être plus utile pour la connoiffance du cœur humain que celle des autres, où les ames font trop exaltées, où elles fortent continuellement de leur caractere. On y voit l'homme tel qu'il eſt, c'eſt-à-dire, très-petit quand il eſt livré à ſon intérêt particulier : c'eſt la marche ordinaire de la ſociété qu'on y découvre à chaque pas.

Tout dans la Fronde pouvoit faire illuſion à Montauſier, & égarer une ame droite pour le moment. Les perſonnes les plus illuſtres, Turenne lui-méme s'étoit laiſſé entraîner au torrent de la faction. Les prétextes ſpécieux ne manquoient point pour la juſtifier. La perſpective d'une fortune éclatante lui eſt ouverte. On le ſollicite : on le preſſe de tous côtés. L'amitié elle-même emprunte la voix d'un grand Prince * pour le ſéduire. Les mortifications qu'il eſſuye de la part du Miniſtre, ſemblent l'autoriſer

---

* Le grand Condé.

à prendre ce parti : Vains prétextes !
Montaufier auroit été Caton dans les
guerres civiles de l'ancienne Rome ;
mais le rôle de factieux est indigne de
fon caractere. Toujours fidele à l'Etat
& à fon Roi, il maintient dans l'obéif-
fance deux Provinces importantes par
leur fituation. * Faut-il livrer des combats, faut-il verfer fon fang, faut-il
prodiguer fa vie dans ces temps ora-
geux ? On le voit voler aux armes avec
cette intrépidité dont il avoit déjà donné
tant de preuves contre les ennemis étrangers. Les bleffures qu'il reçoit dans cette
occafion, font comme autant de bou-
ches toujours ouvertes pour attefter fa
probité incorruptible, fa fidélité & fon
attachement inviolable à l'Etat & à fon

---

* La Saintonge & l'Angoumois.

Souverain, pour confondre l'injuſtice & la perfidie des factieux. Qu'il eſt beau d'apprendre ainſi, malgré ſon ſilence même, au courtiſan Egoïſte à être un ſujet fidele ! Qu'il eſt conſolant & flateur de montrer continuellement dans ſa perſonne, aux yeux du Souverain, un Défenſeur intrépide de ſes droits & de ſon autorité ! Ce bras a été mutilé, ce corps a été couvert de plaies en ſervant la Patrie, pouvoit-il dire alors, tout le ſang qui coule dans mes veines, lui appartient. Je voudrois avoir mille vies pour les lui ſacrifier.

Qui ne croiroit, après un ſervice auſſi important, que ce grand Homme va être l'objet des faveurs de la Cour, que les récompenſes vont lui être prodi-guées ? Mais dans la diſtribution des charges & des emplois, conſulte-t-on toujours la justice ? Pese-t-on toujours le mérite & les services ? Ces Citoyens vertueux & fideles à leurs obligations ; ces Citoyens qui payent à la societé le tribut de leurs talens sans faste & sans prétentions, qui se dévouent tout entiers au bonheur de leurs semblables, sont ordinairement oubliés. On les abandonne à leur vertu ; & c'est elle seule qui les récompense. Allez ramper aux pieds des idoles de la faveur, pressez, sollicitez, importunez, faites jouer tous les ressorts de l'intrigue, ayez une cabale & des prôneurs, soyez toujours occupés de vous-même, ayez sur-tout l'art de faire valoir des talens médiocres, rendez-vous même, s'il le faut, redoutable par vos plaintes & vos murmures : voilà les degrés qui conduisent ordinairement aux emplois.

Montaufier connoiſſoit tous les reſ-
ſorts & tous les artifices de l'intrigue ;
mais ſa grande ame les dédaignoit. Elle
abandonnoit ces reſſources aux hommes
médiocres. Content de ſa vertu, elle
lui tient lieu des honneurs & de la fortune. Il étoit réſervé à Louis le Grand
de récompenſer ce ſujet fidele. A ce
nom, je me ſens pénétré de reſpect &
d'admiration. La gloire du nom François vient s'offrir à mes regards. Je vois
le Trône entouré du génie, des arts &
des talens ; & le Souverain qui, par la
vigueur de ſon caractere, imprime le
mouvement à tout, qui allume dans le
ſein de ſes Sujets, le beau feu dont il eſt
embrâſé lui-même, qui éleve ſa Nation
à la hauteur de ſon ame : trop heureux
s'il eût reçu une éducation digne de lui :
trop heureux s'il eût été bien convaincu

qu'un Souverain doit imiter l'Auteur de
la Nature, qui offre toujours aux hommes le même spectacle, celui de la bienfaisance.

Montaufier attend avec patience des
temps plus heureux. Il s'occupe dans
son gouvernement à effacer toutes les
traces des diffensions civiles. Par ses
soins & sa prudence, la confiance renaît
dans les esprits, les Loix recouvrent
leur ancienne vigueur. Le petit repose
tranquillement à l'ombre de leur protection. L'homme puissant est soumis à
l'autorité. Malgré l'indifférence de la
Cour, on ne cesse point de voir dans ce
grand Homme un Citoyen zelé, qui porte
la Patrie dans son cœur, qui est toujours
prêt à lui sacrifier les intérêts les plus
chers. Ce zele patriotique, qui étoit
l'ame de toutes ses actions, il auroit

voulu

voulu l'infpirer à tous ceux qui l'envi-
ronnoient. De quel œil regardoit-il ces
hommes ifolés, qui ne tiennent à rien
dans la fociété, qui font infenfibles au
bonheur ou au malheur public, qui
croient que l'Univers eft fait pour eux,
& qu'ils ne doivent rien à l'Univers?
Ames viles, combien de fois fon indi-
gnation n'éclate-t-elle pas contre vous!
Combien de fois ne déclame-t-il pas
dans fes entretiens contre votre cruelle
indifférence! pour rougir de vous-mêmes,
fuivez-le dans le gouvernement de la
Province la plus importante du Royaume * que fon Prince vient de lui confier; foyez témoins de fon courage & de
fon généreux dévouement.

Un mal contagieux défoloit la capi-

---

* La Normandie.

tale de cette Province, & y faifoit les plus cruels ravages. Tout le monde étoit dans le deuil & dans la confternation. Plus d'ordre, plus de focieté, plus de fenfibilité ni d'humanité. Tous les devoirs de la vie civile étoient négligés, toutes les affaires étoient fufpendues, le commerce étoit interrompu. On fe fuyoit les uns & les autres, on fe refufoit même ces fervices que la fimple humanité exige. Chacun occupé de fon propre péril, ne connoiffoit plus ni les liens du fang ni ceux de l'amitié. La fource des larmes étoit tarie. On étoit fi accoutumé à voir l'image de la mort, qu'on étoit infenfible au coup fatal, qui frappoit même les perfonnes qui nous font les plus cheres. La tête penchée vers la terre, chacun n'attendoit plus que la fin de fes douleurs & de fes maux.

Citoyens infortunés, montrez un front plus ſerein; que l'eſpérance renaiſſe dans vos cœurs. Votre généreux Gouverneur vole à votre ſecours, & vient partager vos périls. Les délices de la Cour, les repréſentations qu'on lui fait, les allarmes d'une Epouſe chérie, rien ne peut l'arrêter. *Je dois l'ordre & la protection à ce peuple*, dit-il, *il a droit à mes ſecours. Ma vie n'eſt pas plus précieuſe que mon devoir.* Ah! grand Homme, Héros de la probité, vous méritez d'être le Libérateur de ce Peuple. Vos ſoins généreux vont être couronnés du ſuccès. A ſa préſence l'ordre ſe rétablit, les terreurs ſe diſſipent, l'humanité reprend ſes droits, le fleau commence à modérer ſa fureur. Par une police exacte, il en arrête les progrès, il procure tous les ſoulagemens néceſſaires à ceux qui en sont attaqués, & il sauve une multitude d'hommes que la mort avoit déjà désignés pour ses victimes.

Cette action héroïque ne reste point sans récompense. Louis XIV, par son application continuelle à réparer les défauts de son éducation, faisoit bien voir qu'il en sentoit tous les avantages. Il vouloit les procurer à son auguste Fils, à l'héritier présomptif de son Trône; mais à qui confier ce précieux trésor? où trouver ce Sage capable de former une ame royale? Est-ce parmi les courtisans? Ah! il faut dire des vérités aux Princes, & non les flater; il faut les instruire, & non les corrompre? Est-ce parmi les guerriers? Ils sont ordinairement trop sensibles à la gloire des armes pour leur prêcher continuellement l'humanité. Est-ce parmi les politiques ? La diſſimulation dont ils font profeſſion, ne peut s'allier avec cette noble franchiſe, avec cette grandeur d'ame qui doit regner dans tous leurs procédés. Les détours de la politique font faits pour les ames fubalternes ; la vérité doit toujours être dans la bouche des Princes. Louis porte ſes regards autour de ſon Trône ; il examine long-temps tous les Hommes célébres dont il eſt environné ; il peſe leurs qualités, leurs talens ; & ſes yeux vont ſe repoſer enfin ſur Montauſier. *Voilà*, dit-il, en le préſentant à ſon Fils, *voilà un Homme que j'ai choiſi pour vous mettre entre ſes mains. J'ai cru ne pouvoir rien faire de meilleur pour vous & pour mon Royaume. Si vous ſuivez ſes inſtructions & ſes exemples, vous ſerez tel que je vous deſire. Si vous n'en profitez pas, vous serez moins excusable que la plupart des Princes dont on néglige ordinairement les premieres années ; & moi, je serai quitte envers tout le monde après avoir fait un tel choix.* Paroles mémorables, qui inspiroient à l'auguste Eleve la plus haute estime pour son sage Mentor, & qui imposoient en même-temps à cet Homme illustre l'obligation la plus étroite de répondre à la confiance de son Souverain. Oui, il y répondra, grand Prince. Vous pouvez vous applaudir hautement de ce choix (9). Les talens dont la nature l'a doué, les lumieres qu'il a puisées dans l'étude & la lecture, sa probité incorruptible, sa vertu qui ne s'est jamais démentie, ses sentimens nobles & généreux, la connoissance des hommes, & l'expérience qu'il a acquise dans les différens emplois qu'on lui a confiés, tout va être confacré à l'éducation de votre augufte Fils. Les leçons qu'il va lui donner, ne feront que l'expreffion des fentimens de fon cœur, & l'hiftoire de fa conduite.

La Ducheffe de Montaufier * avoit déjà frayé la route à fon illuftre époux. C'eft elle qui avoit veillé autour du berceau du jeune Prince ; c'eft elle qui avoit préfidé aux jeux de fon enfance. Au milieu de fes amufemens, elle accoutumoit fes mains encore foibles à manier le fceptre. En effuyant les premieres larmes qui couloient de fes yeux, elle l'accoutumoit à être fenfible & compatiffant. A peine fa langue commençoit-elle à fe délier, qu'elle lui faifoit pro-

---

* Elle avoit été Gouvernante des Enfans de France.

nonçer des paroles d'humanité & de bien-
faifance. Que de foins pour réprimer
en lui les faillies de l'humeur, les caprices, les fantaifies! Quelle attention
pour répandre fur fon front la férénité,
pour lui donner un air ouvert, un air
affable! Quelle patience pour fixer fa
légereté, pour le rendre de bonne heure
docile & attentif aux leçons! Le Dauphin, par les foins & l'habileté de cette
femme célébre, devient un Prince ai-
mable. Il étoit réfervé à fon vertueux
époux d'en faire un Prince digne de regner. Heureux enfant! vous venez de
puifer dans le cœur de la premiere femme de la Cour la fenfibilité, la délicateffe des fentimens : vous allez maintenant apprendre à regner fous la difcipline du courtifan le plus fage & le plus
fidele. Ces germes que Julie d'Angennes

a dépofés dans votre ame encore tendre, Montaufier eft fait pour les développer. Ce font les mêmes fentimens &
les mêmes principes. Ce fage Gouverneur va donner les derniers coups de
pinceau au tableau dont fon époufe a
crayonné les traits.

Je le vois déjà autour de fon illuftre
Eleve. Il ne vit plus que pour lui : il eft
tout entier aux fonctions de fon nouvel
emploi. Pénétré de fa grandeur & de fon
importance, il fe regarde déjà comme
comptable à la Nation des vices ou des
vertus d'un Prince né pour faire un jour
ou fon malheur ou fa félicité. Dépofi-
taire de l'autorité paternelle d'un grand
Monarque, il en ufe avec la bonté d'un
pere & la fermeté d'un fage.

Etudier le caractere de fon Eleve,
obferver fes bonnes & fes mauvaifes

qualités, & parmi les premieres décou-
vrir celles dont on peut abuſer pour
le prémunir contre la féduction, être
inféparable de ſa perſonne, le ſuivre
dans tous ſes mouvemens, dans tous
ſes exercices, & ſur-tout dans ſes
plaiſirs & ſes amuſemens, parce que
l'ame plus libre alors ſe décele elle-
même, & ſe montre telle qu'elle eſt,
s'inſinuer dans ſa confiance pour avoir
les ſecrets de ſon cœur, pour en connoître les beſoins & y appliquer le re-
mede à propos, profiter des occaſions
qui ſe préſentent, ou les faire naître
adroitement pour graver plus profondément ſes leçons dans ſon eſprit, l'accoutumer de bonne heure à la réflexion,
au travail & à l'application, pour le
mettre plus en état de ſoutenir le poids
du gouvernement, & de voir tout par
lui-même, orner ſon eſprit de toutes

les connoiſſances convenables à un Prince, lui inſpirer une grande eſtime pour
les ſciences & pour ceux qui les culti-
vent, imprimer bien profondément dans
ſon ame le ſentiment de l'égalité primi-
tive pour tempérer la fierté du Trône,
& le rendre humain à l'égard de ſes ſemblables, lui montrer de loin la couronne
qu'il eſt deſtiné à porter un jour, lui inſpirer des ſentimens dignes de ſon rang,
& réprimer en même-temps les ſaillies
de l'amour propre, les hauteurs de l'orgueil, les dédains de la fierté, le former
aux vertus publiques & aux vertus privées, allier dans ſes leçons le reſpect
dû à ſa haute naiſſance avec l'autorité
qui lui eſt confiée, ne point l'avilir par
une molle complaiſance, n'être point le
premier flatteur de ſon Eleve au lieu
d'en être le Mentor, être enfin ſoi-même

une leçon vivante pour le jeune Prince : voilà le tableau de la conduite de Montausier auprès du Dauphin.

A mesure que sa raison croît & se fortifie, ses leçons s'étendent & s'agrandissent. Son éducation s'éleve avec l'ame du jeune Prince : c'est alors qu'il lui développe les grands principes du gouvernement. Prince, lui disoit-il alors, si vous voulez regner avec gloire, il faut mettre un juste équilibre entre tous les ordres de l'Etat, ne point laisser avilir les Grands pour faire le bonheur des Petits, ne point opprimer les Petits pour donner plus d'éclat aux Grands ; il faut défarmer les ennemis étrangers par son courage, & la fidélité à sa parole, surmonter les ennemis domestiques par sa fermeté & l'heureux accomplissement de ses projets ; il faut faire fleurir les Loix, la Religion & les Mœurs, comme les liens qui uniffent le plus étroitement les Sujets avec leur Souverain, & le Souverain avec fes Sujets ; les guerres les plus heureufes, en donnant de l'éclat au Trône, en ébranlent tôt ou tard les fondemens. Appliquez-vous donc fur-tout à faire fleurir la paix dans vos Etats. En parcourant nos annales, il lui fait connoître le génie & le caractere de fa Nation, la puiffance & les reffour-ces du Royaume dont il eft l'héritier. S'il lui montre alors cette longue fuite de Rois dont il defcend, c'eft pour lui faire mieux fentir l'étendue des obliga-tions que fa naiffance lui impofe. Il lui développe en même-temps tout le fyf-tême politique des Cours, & le rend, pour ainfi dire, préfent à tous leurs confeils & à toutes leurs délibérations.

Pour mettre fon augufte Eleve en garde contre la prévention, il lui apprend à connoître les hommes, à fe défier de tous ceux qui l'entourent, à ne donner fa confiance qu'à l'homme vrai, au fujet fidele. Il lui trace alors le portrait d'un Miniftre d'Etat, les talens & les qualités qu'il doit avoir. Sous quels traits difformes ne lui peint-il pas le flateur! Avec quelle fagacité ne démêle-t-il pas toutes les rufes & tous les artifices qu'il emploie pour tromper le Souverain! Quelle horreur ne lui infpire-t-il pas pour les hommes de ce caractere! C'eft l'ame de Montaufier qui fe transforme alors en celle du Dauphin. Veut-il lui donner un cœur fenfible, le cœur d'un Roi pere de fes Peuples? Quel intérêt ne lui infpire-t-il pas pour cette portion de la Nation la plus nombreufe

& la plus utile, qui n'a que l'autorité
publique pour appui ? Pour l'attendrir
davantage fur fon fort, il le conduit
dans la chaumiere du pauvre, & lui met
fous les yeux le tableau de fa mifere :
Voyez, dit-il au jeune Prince, *c'eft fous
ce chaume, & dans cette miférable retraite, que logent le pere, la mére & les
enfans, qui travaillent fans céffe pour
payer l'or dont vos Palais font ornés, &
qui meurent de faim pour fubvenir aux
frais de votre table.* Quelle fource de
réflexions pour un Prince humain & fenfible ! Quelle leçon pour les enfans des
Souverains & des Grands qui les entourent ! Elle devroit être fans ceffe pré-
fente à leur efprit. Combien de fois ne
lui fait-il pas fentir tout le prix de la
bonté & de l'affabilité dans un Prince !
Combien de fois ne lui apprend-il pas à

ne laisser à l'éclat de la naissance que l'air
de dignité qui la fait respecter, à éviter
ces inégalités d'humeur, ces caprices qui
n'ajoutent rien à la grandeur, qui rendent au contraire insupportable le poids
de la subordination !

L'amour de la vérité & de la justice
est la base de toutes ces leçons. Convaincu que les cris des malheureux péné-
trent jusqu'au Trône, quand ces deux
vertus y sont assises avec les Rois, le
sage Gouverneur s'attache sur-tout à
faire du Dauphin un homme vrai, un
homme droit , un honnête homme.
Que de qualités renfermées dans ce mot !
J'en vois découler toutes les vertus, qui
assurent aux Princes l'estime, la confiance, le respect de l'étranger , l'amour
des sujets & leur dévouement. Etre honnête homme sous le diadême, c'est faire

regner toutes les vertus avec soi : c'eſt ménager tout à la fois les intérêts du Trône, ceux du Peuple & ceux de la Religion.

Pouvoit-il être ſecondé avec plus de zele & de capacité dans un ſi grand ouvrage, que par le ſçavant Prélat qu'on lui avoit aſſocié, cet Orateur des têtes couronnées ? Si le premier étoit fait pour dire des vérités aux Princes, le ſecond étoit fait pour en écrire. Il avoit dans la compoſition cette grandeur & cette fierté que Montauſier avoit dans le caractère. Dans ſon vol hardi, il remonte toujours aux grands principes. Eloquent ſans morgue & ſans appareil, ſublime ſans enflure & ſans effort, on voit dans tous ſes écrits ces grandes idées, ces ſentimens profonds, cette raiſon ſupérieure, ce ſtyle ferme & vigoureux, cette maniere originale qui n'appartient qu'au génie. Dans sa marche impétueu-se, rapide & irréguliere, il vous entraîne avec lui, il saisit fortement votre imagination , il s'empare absolument de votre ame. On peut dire de ses écrits , ce qu'il disoit lui-même des monumens & des édifices des anciens Egyptiens , qu'il sçavoit leur imprimer le caractere de l'immortalité.

Tandis que Montausier est occupé à faire de son Eleve un Prince droit, affable & généreux, Bossuet lui présente la Religion telle qu'elle est , grande & sublime. Il lui fait contempler un Être au-dessus des Princes, qui commande à ces Dieux de la terre, qui se joue de leurs desseins, qui éleve les Trônes ou qui les renverse à son gré. Il lui rappelle souvent que les Rois ne sont grands, que parce

qu'ils font les images du Très-Haut,
& les dépofitaires de fa puiſſance : il lui
propofe la conduite de cet Être ſuprême
dans le gouvernement de l'Univers ,
comme le modele de celle des Souverains à l'égard de leurs Peuples. Il lui
met fous les yeux les faſtes de l'Univers,
& lui peint à grands traits l'origine , les
progrès , la fplendeur , la décadence des
Empires. L'Hiſtoire , fous fa plume , a
cet air de dignité qui convient à l'Infti-
tutrice des Rois : elle leur diĉte fes leçons, toujours avec la même nobleſſe,
toujours avec la même élévation. Tous
les Souverains font cités à fon Tribunal. Les tyrans y font livrés au mépris
& à l'exécration de la poftérité. Les
Rois, peres de leurs Peuples, y font
honorés comme les bienfaiteurs de l'humanité.

Jamais Inftituteurs ne furent plus habiles ni plus unis entre eux. Pleins de confiance & d'eftime l'un pour l'autre, il regnoit un concert admirable dans leurs opérations. Même zele, même attachement pour l'augufte Prince qui leur étoit confié. Rien de tout ce qui peut former le cœur & l'efprit, n'étoit négligé. Ils mettoient, pour ainfi dire, à contribution tous les talens pour fon inftruction. Toutes les lumieres qui entouroient le Trône dans ce fiecle du génie, fembloient répandre leurs rayons fur la tête de cet illuftre Enfant. Montaufier étoit l'ame de cette belle éducation. Il avoit choifi lui-même fes Coopérateurs (10). C'étoit lui qui concevoit tous les plans, qui préfidoit à leur exécution (11). Son efprit étendu embraffoit toutes les branches de l'inftitution.

Pendant que cet habile Gouverneur consacroit ainsi toutes ses veilles à l'instruction du Dauphin, & qu'il ne pensoit & n'agissoit que pour lui; que faisiez-vous, vils adulateurs? Vous alliez calomnier ce grand Homme auprès du Prince, vous alliez censurer toutes ses opérations. Pendant qu'il faisoit retentir sans cesse le mot de vérité aux oreilles de son Eleve; que faisiez-vous, vils adulateurs? Vous alliez lui fermer l'issue du Trône, vous repoussiez le malheureux qui venoit y chercher un asyle. Pendant qu'il lui inspiroit le plus grand mépris pour la flaterie & pour ces complaisances serviles, qui paroissent autant d'hommages rendus à la grandeur, mais qui au fond dégradent autant les Princes qui les souffrent, que les sujets qui les exercent, & qu'il lui apprenoit à

apprécier ce faſte, cette vaine décora-
tion qui accompagne la grandeur, le
Courtiſan faiſoit fumer ſon encens autour du Trône, & rampoit aux pieds
du Souverain : il nourriſſoit en lui ce
goût de magnificence & de luxe toujours onéreux pour le Peuple, cette
pompe orientale, qui inſpire plus la ter-
reur que le reſpect. Montauſier faiſoit
ſentir à ſon auguſte Eleve tout le prix
du ſang des hommes ; il lui donnoit ce
caractere d'humanité & de modération,
qui nous concilie également le cœur de
l'Etranger & du Citoyen ; & vous, vils
adulateurs, vous alliez louer la paſſion
du Souverain pour la gloire des armes
& des conquêtes, vous alliez rendre le
joug de la Nation plus peſant. Montauſier développoit à l'Héritier du Trône
les vrais principes du gouvernement, il

lui enseignoit l'art de reguer ; & vous, vils adulateurs, vous alliez prodiguer vos éloges aux vastes projets, à l'administration plus brillante que solide de son auguste Pere. N'approchez pas de ce jeune Prince ; vous lui cacheriez quelque vérité ou quelque devoir. Si vous venez lui rendre vos hommages, soyez vrais & sinceres. Montausier est là qui veille. Il vous observe : il pese toutes vos paroles. Il faut que la flaterie expire dans votre bouche.

Le sage Gouverneur soutient son caractere jusqu'à la fin : il termine son éducation par un trait héroïque de franchise. *Si vous êtes honnête homme*, dit-il en quittant le Dauphin, *vous m'aimerez ; si vous ne l'êtes pas, vous me haïrez, & je m'en consolerai.* Quelle noble liberté ! Il ne faut que cette vérité forte,

pour juger de ſes principes d'éducation.
Ah! ſi votre modeſtie, grand Homme,
vous eût permis de nous tranſmettre cès
ſages maximes (12), que vous aviez
rédigées pour votre auguſte Eleve, ç'eût
été le code des Princes. Nous y aurions
vû votre ame toute entiere. Elles ſont
trop bien gravées dans ſon cœur, ces
maximes, pour qu'il vous oublie jamais.
Il fait déjà les délices de la Cour la plus
polie de l'Univers, il eſt déjà l'idole de
la Nation. Je le vois déjà voler à la victoire ſur les pas des Héros ; mais l'éclat
de ſes exploits ne vous éblouit point.
Ce qui vous flate le plus en lui, c'eſt ſa
bonté, ſon affabilité & ſa libéralité.
Dans cette fameuſe Lettre (13) que vous
lui écrivez, & qui ſera un monument
éternel de votre probité & de votre
franchiſe, vous le dépouillez de tout ce
qui

qui lui eſt étranger, pour ne vous atta-
cher qu'à ce qui lui eſt perſonnel. Vous
lui donnez une véritable idée de l'hé-
roïſme. Fidele à vos leçons, il eſt un
modele des vertus privées, & c'eſt toute
la gloire d'un Dauphin. Ah ! France, ſi
tu avois eu le bonheur de recueillir les
fruits de cette ſage éducation, tu aurois
vû renaître les beaux jours du regne de
l'immortel Henri. Prince populaire ,
comme lui, il eût été l'appui du pauvre ;
mais que dis-je ! n'en jouis-tu pas aujourd'hui ſous un de ſes deſcendans ?
N'eſt-ce pas le même amour de l'ordre
& de la vérité ? N'eſt-ce pas le même
caractere de droiture & la même po-
pularité ?

Montauſier vient de former une ame
royale. Ce ſervice vaut bien des victoires & des conquêtes. Le voilà rendu à

lui-même; mais ne craignez pas que ſes talens reſtent oiſifs. Les hommes de ſon caractere ſont des victimes dévouées au bien public. De Gouverneur qu'il étoit du Dauphin, il devient ſon confident & ſon ami : ſes leçons ſont maintenant des conſeils. Dépouillées de la ſéchereſſe du précepte, elles n'en ſont que plus d'impreſſion ſur ſon eſprit. C'eſt ſur-tout dans un voyage qu'il fait avec ce jeune Prince, qu'il lui renouvelle ſes ſages inſtructions. S'il lui dévoile alors les myſteres de la politique, c'eſt dans la morale qu'il en puiſe les regles & les principes. Loin d'ici les maneges de l'intrigue, les artifices de la diſſimulation, les voies obliques de l'injuſtice, l'art d'opprimer les Peuples. Le code de la politique n'eſt plus que le code de la prudence, de la droiture & de la bonne-foi.

La félicité publique en est l'unique objet. En lui faisant remarquer l'empressement des Peuples autour de sa personne, il lui inspire l'amour le plus tendre pour une Nation, qui en est si digne par son attachement pour ses Princes & ses Rois. Il lui fait sentir combien il est doux pour un Souverain d'avoir le cœur de ses Sujets ; avantage dont ne jouit point un Prince, qui ne porte ses regards & qui ne répand ses faveurs que sur ceux qui l'entourent, qui est plutôt le Roi des Courtisans que le Pere de ses Peuples. Montausier, dans sa retraite, n'est pas moins utile à ses Concitoyens qu'au Dauphin. L'Homme d'Etat & l'Homme de Lettres vont le consulter tour-à-tour, & sortent d'auprès de lui également satisfaits de ses lumieres. Partagé entre l'étude & la vertu, il donne de grands exemples & de grandes leçons à la Cour de son Roi. Cet Homme respectable paroît aussi grand dans sa vie privée que dans sa vie publique.

C'est dans le cœur de l'Homme sage & vertueux qu'il faut descendre pour voir toute sa grandeur. On éprouve alors un sentiment de vénération, qui laisse des traces bien plus profondes, que cette admiration subite, excitée par les coups d'éclat de l'héroïsme. Que ne nous est-il permis de dévoiler ici cette pureté de motifs, cette droiture d'intention, ces vûes nobles & généreuses, qui dirigeoient toute la conduite de Montausier? Que ne nous est-il permis de produire au grand jour mille traits de générosité & de bienfaisance, que sa modestie déroboit à nos regards? On verroit alors que si la vie privée est l'écueil du Héros, elle est le triomphe du Sage.

Qu'on considere ce grand Homme dans le sein de sa famille, quelle fidélité au lien conjugal ! Quel attachement pour son illustre Epouse ! Quelle tendresse pour ses Enfans ! Vertueuse Julie, la mort vous sépare de Montausier ; mais vous vivez toujours dans son cœur. Votre image y est profondément gravée. Jamais il ne vous oubliera. Il la porte par-tout. Dans sa douce illusion, il croit la voir dans le gage que vous lui avez laissé de votre tendresse mutuelle. Les marques d'amitié qu'il ne peut plus vous donner, il les prodigue à votre chere fille, il les prodigue à ses enfans. Vos deux cœurs n'en faisoient qu'un pendant votre vie. Vos deux corps se réuniront également dans la tombe, & vos cendres seront confondues avec celles de votre Epoux.

Sa tendresse ne se borne point à son Epouse & à ses Enfans : elle s'étend jusqu'à ses Domestiques. Il les regarde comme des enfans adoptifs qui, s'ils n'ont pas de part à notre héritage, ont au moins des droits à notre bienveillance. On le voit descendre jusqu'à eux avec cette bonté, cette humanité, qui confond le maître avec ceux qui le servent. S'agit-il de partager leurs peines, de les soulager dans leurs infirmités, de les récompenser de leurs services ? C'est alors un pere plutôt qu'un maître. On ne sent point chez lui le poids de la servitude. Cette classe de Citoyens, dont l'ame paroît avilie par état, montre à l'égard de Montausier qu'elle est capa-

ble d'un généreux dévoüement. Les peres tranfmettent à leurs enfans, comme
un héritage, la fidélité & l'attachement
à un fi bon maître. Leurs générations fe
perpétuent dans fa maifon, & femblent
ne former avec fes enfans qu'une feule
& même famille. C'eft un fpectacle qui
feroit honneur à nos mœurs s'il fe re-
nouvelloit fouvent parmi nous.

Voilà cet Homme qui paroît fi inflé-
xible, fi févere : c'eft cependant une ame
fenfible (14). Bien différent de ces gens
en qui l'auftérité de la vertu étouffe tous
les fentimens de la nature, qui, fous
prétexte d'aimer le genre humain, n'ai-
ment perfonne, qui fe reprochent comme des crimes les mouvemens de fenfibilité qu'ils éprouvent, fon cœur s'ou-
vre avec complaifance au fentiment de
l'amitié. On fent que c'eft un befoin

pour lui. Il faut qu'il s'épanche dans le: fein d'un ami, qu'il lui confie fes fe-crets, qu'il partage avec lui fes plaifirs & fes peines. O vous qu'il honora de fon eftime & de fa confiance, faites ici l'éloge de fon cœur. Quelle ame fut plus digne d'éprouver ce fentiment dé-licieux ! Ami fincere, vous cacha-t-il jamais quelque vérité ? Vous priva-t il jamais de quelque confeil falutaire ? Ami folide, fe borna-t-il avec vous aux careffes, aux paroles flateufes ? Man-qua-t-il une feule occafion de vous obli-ger ? Ami conftant & fidele, n'étoit-ce pas dans vos difgraces qu'il vous étoit le plus attaché ? N'étoit-ce pas dans les temps d'orage qu'il vous appuyoit le plus ardemment de fon crédit & de fes biens même ? Vous ne fûtes pas les feuls objets de fon inclination bienfaifante. Cet Homme intrépide étoit le protecteur le plus ardent de l'innocence & du mérite. Exempt de ces petites paffions, de ces vûes intéreffées, de ces motifs bas, de ces terreurs mal fondées, qui rendent les hommes fi petits dans leurs procédés & dans la conduite des dés affaires, rien ne l'effrayoit quand il s'agiffoit de délivrer le foible du poids de l'oppreffion. Il montroit alors un front d'airain à l'homme puiffant, & il bravoit fa colere & fon reffentiment. Qu'on le fuive dans toute fa conduite, tous les jours de fa vie ne font-ils pas marqués par quelque bienfait éclatant? Ici je le vois effuyer les larmes de l'indigent, affermir une fortune chancelante; là, je le vois encourager l'induftrie, & procurer à des talens cachés les moyens de fe produire, fe déclarer le protecteur

de l'Homme de mérite, qui est sans prôneurs & sans cabale, le défendre contre
les traits de l'envie. A en juger par son
empressement & son ardeur, ne sem-
bloit-il pas qu'il se fût chargé lui seul
d'acquitter la dette du genre humain
envers les malheureux ? C'étoit sur-tout
ces langueurs, ces miseres que la honte
retient dans l'obscurité, que sa main
bienfaisante aimoit à soulager. Combien de familles réduites au désespoir,
ont été ranimées par ses secours impré-
vûs! En brisant les fers qui le tenoient
captif chez nos ennemis, il obtient par
sa générosité & son crédit la liberté de
plusieurs Officiers, qui auroient langui
dans une triste captivité, & les ramene
avec lui. C'étoit le cortége de la bienfaisance, c'étoit son triomphe. Environné de toutes ces personnes qui, en

jouiſſant de ſes bienfaits, ne ſe laſſent point de le regarder & de l'admirer, il me paroît plus grand que le plus puiſſant Monarque au milieu de ſa Cour. Dans tous ſes gouvernemens, je ne vois que des monumens de ſa bienfaiſance. Tous ces aſyles ouverts à la miſere & à l'indigence, retentiſſent encore des louanges & des bénédictions accordées à ſa mémoire. Propoſoit - on quelque projet avantageux ? S'offroit-il quelque occaſion de faire du bien ? Faiſoit-on le récit de quelque action généreuſe ? Le zele de cet Homme bienfaiſant s'allumoit auſſi-tôt, on liſoit ſur ſon front ſerein les ſentimens généreux qui l'animoient. Il n'auroit voulu voir aucune trace de miſere, d'oppreſſion ni d'injuſtice, tant il aimoit l'ordre & l'équité.

Homme de Lettres lui-même, il étoit

dans son temps le plus ardent protecteur des Sçavans. Combien de fois ne
fit-il pas tomber sur eux les faveurs du
Trône ! Combien de fois ne partagea-t-il
pas avec eux sa fortune & ses lumieres !
Pouvoit-il mieux placer ses faveurs que
sur la tête de ces Citoyens estimables,
qui consacrent leurs veilles à l'instruction des Nations, qui sont un des plus
grands ornemens des états, qui ont
tant d'influence sur les mœurs, sur la
législation, sur l'opinion publique, qui
procurent aux hommes la volupté la
plus pure, après celle qu'on goûte en
faisant des heureux. Il n'ignoroit pas,
cet Homme généreux, que le Sçavant
est peu fait à l'intrigue, qu'il ignore ou
qu'il dédaigne les voies qui menent à la
fortune, qu'il s'aviliroit même en les
suivant. Aussi s'empressoit-il de les pré-

venir

venir par ſes bienfaits. La plupart des protecteur exigent, avant d'accorder leurs faveurs, une cour, des-hommages, un tribut d'adulation. Il faut que leurs protégés rampent & s'aviliſſent pour les mériter. Montauſier au contraire alloit chercher l'homme de mérite qu'il ne connoiſſoit que par la voix de la renommée & le protégeoit ſans intérêt. Comment un Homme, qui fut comblé d'honneurs ſans les devoir à la baſſeſſe, un Homme, que Louis XIV, de tous les Princes, peut-être le plus loué & le plus flatté, qui par ſon extérieur impoſant, par ce goût de repréſentation qu'il portoit par-tout, ſembloit appeller les hommages & l'adulation aux pieds du Trône, ne compta jamais au nombre de ſes flateurs, auroit-il pu ſe déterminer à avilir ſes ſemblables?

En faifant le bien, quelle récompenfe attend-il de vous, mortels ? Ambitionne-t-il vos éloges ? Recherche-t-il vos applaudiffemens ? Ah ! jamais la louange n'eut de charmes pour lui. Vous le fçavez, il la repouffa toujours. La volupté pure qu'on goûte en faifant des heureux, lui fuffit : voilà fa récompenfe. Où font ces Hommes généreux, qui font le bien pour le bien même, dont le zèle redouble à la vûe des périls & des obftacles, qui fe dévouent aux contradictions, aux difgraces, à la mort même, pour défendre leurs amis, pour foulager les malheureux ? Ces amis de l'humanité font difperfés en très-petit nombre dans les différentes parties de l'Univers. Comme ces fources d'eau vive & falutaire, qui fuppléent à la mauvaife difpofition du fol ou à la chaleur brûlante du climat, ils paroiſſent deſtinés à réparer les maux cauſés par la dureté ou l'inſenſibilité des autres hommes.

Quand on veut le bien, & qu'on le fait auſſi généreuſement que Montauſier, on a drôit de donner des conſeils, on a droit de dire des vérités à ſon ſiecle. Auſſi ce grand Homme exerçoit-il ce droit avec toute l'autorité que lui donnoit ſon expérience & ſa vertu. Point d'abus, point de déſordre qui échapât à ſa cenſure. Jamais il ne pardonna un vice à ſa Nation. Son zèle l'entraîna peut-être quelquefois trop loin ; mais c'étoient les écarts de la vertu. Ce zèle eut ſans doute ſes cenſeurs & ſes ennnemis. La vérité nous offenſe preſque toujours, parce qu'elle nous eſt rarement favorable. D'ailleurs, l'homme médiocre blâme ordinairement les actes de fermeté, les efforts généreux, dont il ne se sent pas capable : Il voudroit voir toutes les ames au niveau de la sienne. Tandis que Montausier prenoit la défense de l'innocent opprimé par la calomnie, tandis qu'il se déclaroit hardiment pour la bonne cause, & qu'il s'armoit contre les abus, combien d'ames basses, après l'avoir admiré dans le premier moment, le taxoient ensuite d'orgueil & de présomption, & l'accusoient de vouloir assujettir les autres à son opinion ! Tel est le sort de tout ce qui porte l'empreinte du Grand. On commence par l'admirer ; on finit par le censurer.

Toutes les paroles qui sortoient de la bouche de cet Homme illustre, étoient autant de maximes de probité. Les conseils & les avertissemens salutai-

res étoient toujours dans fa bouche à
côté des éloges. S'il louoit le mérite, c'é-
toit avec une réferve, avec une circonf-
pection, qui craignoit toujours de nourrir la vanité ou d'allarmer la modeftie
de ceux qui recevoient fes louanges. En
général il trouvoit plus utile de repren-
dre les hommes fur leurs défauts, que
de les louer fur leurs vertus. Ce n'étoit
point chez lui humeur ni mifantropie.
Auffi ennemi de la louange pour lui-
même, que pour les autres, le motif
qui le faifoit agir ainfi, c'étoit le zèle
du bien public, l'amour de la perfection.
Ne croyez pas que cet Homme illuftre
fût pour cela infenfible à la gloire. Ces
fentimens d'honneur, qui naiffent avec
nous, étoient gravés trop profondément
dans fon cœur. Mais comme on abufe
trop fouvent de la louange, il cherchoit

plus la gloire dans ses actions, que dans le témoignage des hommes.

Représenter Montausier comme un homme parfait, ce seroit tomber dans cet excès d'adulation dont il fut toujours le fléau. Il est certain qu'il paya quelquefois le tribut à l'humanité. Ce grand Homme ne fut pas toujours à l'abri de la prévention (15) ; mais il étoit trop généreux, trop sincere pour ne pas convenir de son erreur quand une fois il l'avoit reconnue. Belle leçon pour les gens vertueux ! Ordinairement ils tiennent trop à leurs idées, ils donnent trop à la pureté des motifs. Montausier eut quelquefois des foibleffes : mais jamais de petiteffes. Son caractere étoit toujours grand. Au milieu de ses écarts même, son cœur tenoit toujours à la droiture & à la vertu. Dans sa jeuneffe il se livra, comme la plupart de la Nobleſſe de ſon temps, à la fureur des duels ; mais devenu plus mûr, il expia cette paſſion funeſte par les larmes qu'il verſa le reſte de ſa vie ſur des triomphes & des victoires dont tout bon Citoyen doit rougir.

Montauſier ne ceſſe point juſqu'à ſa mort de faire le bien ou de parler pour le bien. La vertu ſous les cheveux blancs de cet Homme vénérable, acquéroit un nouveau degré d'autorité. Il étoit reſpecté de toute la Cour, & honoré de ſon Souverain. Parvenu à l'âge le plus avancé, ſa carriere étoit encore trop courte pour le bien de l'humanité. Les hommes de ce caractere devroient être immortels. Ce ſeroit une digue oppoſée à la corruption des mœurs. Leur exemple réclameroit ſans ceſſe en faveur de la vertu contre les abus & les vices qui défigurent la focieté. Etendu fur le lit de douleur, il donne encore un grand exemple à fa Nation, & lui apprend à fouffrir. Il déploye dans fa derniere maladie cette conftance & cette fermeté inébranlables qu'il avoit toujours montrées dans les douleurs & les difgraces. Avant que de mourir, il reçoit le témoignage le plus flateur de l'eftime & de la bienveillance de fon Souvrain. Louis XIV. lui fait dire, *qu'il eft content de fes longs fervices, qu'il l'honore de fes regrets, & que fa Cour perd un grand ornement en fa perfonne.* Il pouvoit ajouter un Homme unique. Dans ce fiecle fi fécond en grands Hommes, Montaufier tiendra toujours un rang diftingué. Il y avoit fans doute de plus grands Guerriers, des efprits plus profonds, des Hommes plus confommés dans la politique & les affaires ; mais ces Hommes n'avoient la plupart qu'un talent. Montaufier les réunissoit tous, dans un degré inférieur à la vérité ; & c'est l'ensemble de ces qualités, c'est sur-tout son cœur, c'est sa grande ame qui le place à côté du Héros & de l'Homme de génie. On peut dire, à cause de son caractere unique, qu'il occupe une ligne à part dans le siecle de Louis XIV.

Cet Homme respectable descend dans la tombe. La franchise & la droiture y seroient-elles donc descendues avec lui? On n'est entouré que de gens fourbes & dissimulés, de gens qui sacrifient tout à leur intérêt. Hommes doubles & trompeurs, cet Homme illustre vous déclara la guerre toute sa vie, il ne vous ménagea dans aucune occassion. Vous

redoutiez fes regards lorfqu'il vivoit ;
vous deveniez prefque finceres en fa
préfence. N'approchez pas de fa tombe.
Son ombre erre autour, & vous en in-
terdit l'approche. C'eft à vous, hommes vrais & finceres, à jetter des fleurs
fur ce tombeau, vous qui ne connoiffez
qu'une voie, vous qui déteftez l'intrigue, vous qui dites la vérité aux Rois.
Approchez-en auffi, Citoyens généreux, vous qui aimez la Patrie, vous
qui vous dévouez tout entiers à fon fer-
vice, vous qui ne connoiffez point de
plus grands malheurs que ceux de l'Etat.
Princes, Souverains, venez contempler
dans ce tombeau, un Courtifan vertueux & fidele, qui ne flata jamais fon
Roi, qui eut le courage de le contredire,
& qui fut honoré de fa confiance. Sa
voix fe fait encore entendre, & vous

crie du fond de ce fépulchre : Rois, défiez-vous de ceux qui vous entourent. La plupart font des hommes intéreffés ou ambitieux, qui font toujours prêts à trahir la Patrie quand leur intérêt l'exige. Pour vous aider à porter le poids de la couronne, ne choififfez que des hommes vrais, integres, humains & populaires. On vous éleve trop dans la moleffe. On vous dit rarement la vérité. Defcendez de temps en temps de votre Trône, venez dans la chaumiere du pauvre, mêlez-vous parmi vos Sujets, pour entendre leurs plaintes ou leurs bénédictions. Remontez enfuite fur votre Trône, pour faire ceffer la mifere, & fécher les larmes des malheureux.

NOTES

HISTORIQUES.

(1) MADAME DE MONTAUSIER demeurée veuve à l'âge de vingt-cinq ans, fit un généreux sacrifice de sa jeunesse & de sa beauté, & se consacra toute entiere à l'éducation de ses Enfans. Elle trouva dans celui dont nous faisons l'Eloge des obstacles plus grands que dans les autres. Pour l'assujettir à une discipline exacte, elle s'arma d'une rigueur salutaire à son égard : Elle s'appliqua à contredire en tout ses inclinations. Elle l'accoutuma de bonne heure à souffrir sans se plaindre, le froid & le chaud, à courir à pied, à monter à cheval, à manger les choses mêmes pour lesquelles il témoignoit le plus de répugnance, à fuir le plus léger mensonge, à ne se laisser jamais vaincre par la douleur, & à retenir des larmes qu'elle arrache quelquefois aux plus

intrépides. Cette éducation fpartiate fit du jeune Montaufier un guerrier infatigable. A l'âge de dix ans, il promettoit déjà, cet Homme vrai, qui devoit être l'ennemi irréconciliable de la flaterie & du menfonge.

(2) Les Ouvrages d'un vieux Poëte François étant tombés par hazard dans les mains de Montaufier, il les lut d'abord fans aucun goût; mais je ne fçais quel feu caché fous un langage à demi-barbare, échauffa infenfiblement fon imagination; & lui fit fentir le plaifir & l'utilité que l'on peut retirer d'une étude affidue.

(3) M. de Montaufier déploya fur-tout fon talent pour la Poëfie dans la Guirlande de Julie, ou le Bouquet de fleurs poëtiques, qu'il préfenta à Mademoifelle de Rambouillet le jour de fa Fête. Les Mufes Françoifes les plus célébres de ce temps-là contribuerent auffi à l'envi à l'embellir; mais les fleurs qu'il attacha lui-même à cette fameufe Guirlande, en font le plus bel ornement. On remarque dans ces petites pieces du goût & de la délicateffe. Les Lettres & les Vers qu'il compofa

dans sa prison en Allemagne, prouvent encore qu'il sçavoit aussi bien manier la plume
que l'épée.

(4) Mademoiselle de Rambouillet venoit
de se distinguer par un trait héroïque de dévouement. Un de ses freres étoit attaqué d'un
mal contagieux. Malgré la délicatesse de son
tempérament, elle s'enferma dans la chambre
du malade, lui servit elle-même de garde. Sa
tendre charité ne put sauver ce frere, dont la
vie lui étoit plus chere que la sienne propre.
Il succomba à la violence du mal, & expira
dans les bras de son incomparable sœur. Cette
action généreuse fit beaucoup de bruit. Tout
ce qu'il y avoit de plus distingué à la Cour,
& à la Ville, s'empressa de venir payer le tribut d'admiration qui étoit dû à Mademoiselle
de Rambouillet. Montausier qui avoit le cœur
généreux & sensible, ne fut pas des derniers à
s'acquitter de ce devoir. C'est dans cette premiere entrevue, que ces deux illustres Personnes éprouverent ces sentimens d'estime &
d'attachement qu'elles conserverent l'une pour
l'autre pendant toute leur vie.

(5) M. de Montaufier fe fignala fur-tout dans une bataille, que le Duc de Saxe-Veimar livra au Duc de Lorraine, entre Sennes & Thanes, petites Villes d'Alface. A trois charges différentes il s'enfonça dans les efcadrons ennemis, & chaque fois il revint mettre aux pieds de fon Général un étendart qu'il avoit enlevé, après avoir tué de fa main l'Officier qui le portoit. Cette intrépidité fut admirée des deux partis, & ne contribua pas peu à la victoire complette que remporta le Duc de Veimar.

(6) Richelieu fe juftifie folidement fur ces coups d'autorité dans fon teftament politique, dont on ne contefte plus aujourd'hui l'authenticité. On n'y voit point cet efprit de defpotifme qu'on lui reproche avec tant d'amertume. Le bien feul de l'Etat femble lui avoir dicté les réflexions folides & profondes dont il eft femé. Qu'on confidere d'ailleurs la fituation où étoit le Royaume quand il en prit les rênes, les obftacles qu'il avoit à furmonter, les contradictions qu'il éprouvoit dans tous ces

projets si utiles & si glorieux dont il étoit occupé, les services importans qu'il a rendu à la
Nation, on sera plus disposé à l'excuser qu'à
le condamner. On peut dire à sa gloire, qu'il
n'a point surchargé le Peuple d'impôts, malgré les guerres continuelles que son Roi avoit
à soutenir, qu'il a laissé les finances en bon
état, & le Royaume plus puissant qu'il ne l'é-
toit à la mort de Louis XIV.

(7) Mazarin, en prenant les rênes de l'E-
tat, suivit mal-à-propos une route toute diffé-
rente de celle que lui avoit tracé son prédécesseur. Il substitua à sa vigueur & à sa sévé-
rité, une douceur qui dégénéroit en foiblesse.
Avec un caractere ferme, avec l'amour du
bien, ce Ministre auroit pu, sans être aussi
sévere que Richelieu, prévenir les troubles de
la fronde. Ainsi on peut lui reprocher les
maux qui en ont résulté. Trop dominé par
l'intérêt, trop occupé de l'agrandissement de
sa famille, il agissoit dans le poste le plus éminent comme ces ames mercenaires, qui, con-
damnées à l'obscurité, ne travaillent dans leur

état que pour leur intérêt propre, sans envisager le bien de la société, sans craindre le jugement de la postérité.

(8) M. de Montausier se signala encore au fameux Siege de Dunkerque, qui couvrit de gloire le grand Condé. Il accompagna ce Prince dans toutes les occasions les plus périlleuses. Un jour entr'autres que ce Héros étoit allé visiter les ouvrages, & animer les travailleurs par sa présence, un Ingénieur fut tué à ses côtés. Quelques instans après, une volée de canons emporta la tête d'un de ses Valets de pied, qui étoit si près de lui, que les éclats du crâne de ce malheureux le blesserent en plusieurs endroits. Montausier étoit alors auprès du Prince, dont il imitoit l'intrépide fermeté ; & il partagea ainsi l'honneur de ce péril.

(9) Le Roi ne s'étoit pas trompé en comptant sur l'approbation publique. Aussi-tôt que la nomination de M. de Montausier, à la place de Gouverneur du Dauphin, fut connue à Paris & dans les Provinces, tout le Peuple en témoigna une joie extraordinaire. On ne

doutoit pas que l'Héritier de la Couronne ne devînt digne de la porter, sous la discipline d'un Gouverneur si capable de lui inspirer des sentimens conformes à sa haute destinée.

(10) Louis XIV avoit tant de confiance dans les lumieres & le discernement du Duc de Montausier, qu'il lui avoit laissé le choix de ses Collegues. C'est lui qui avoit proposé M. Bossuet pour Précepteur du jeune Prince. Le sçavant M. Huet avoit été aussi placé par ses conseils auprès du Dauphin, pour le guider dans l'étude des Langues, & lui ouvrir les trésors de l'antiquité.

(11) Le Duc de Montausier desiroit pour son auguste Eleve un Ouvrage où l'on fît marcher de front l'Histoire & la Religion. Ce fut par ses conseils, que M. Bossuet composa ces fameux Discours, où toutes les révolutions des Empires rapprochées & réunies sous un seul point de vûe, offroient sans cesse aux yeux du Dauphin l'Histoire de la Providence d'un Dieu, qui sçavoit tourner toutes ces révolutions à la gloire de son nom, & à l'établissement du culte, par lequel il veut être honoré. Ce fut encore par ſes conſeils, & ſur un plan de ſon invention que ſe firent les fameux Commentaires *à la Dauphine*.

(12) Ce qui nous reſte des maximes que M. de Montauſier avoit compoſées pour le Dauphin, fait regretter qu'il n'y ait pas mis la derniere main. Il y regne un grand ſens, un fond de religion admirable. On voit qu'elles ſont le fruit d'une longue expérience, d'un deſir ſincere d'être utile aux Peuples, en inſtruiſant le Prince qui eſt deſtiné à les gouverner. Elles ſont écrites avec ce ton de franchiſe, & cette noble ſimplicité qui convient à la vérité. C'eſt le même ſtyle que celui de l'apologie qu'il fut forcé de préſenter au Roi, pour répondre aux reproches des Courtiſans qui cenſuroient ſa conduite, & pour juſtifier l'éducation qu'il donnoit au Dauphin.

(13) Lorſque le Dauphin eut pris Philiſbourg, le Duc lui écrivit cette Lettre : Monſeigneur, « Je ne vous fais pas de compli-
» ment ſur la priſe de Philisbourg, vous aviez
» une bonne armée, une excellente artille-
» rie, & Vauban. Je ne vous en fais pas

» non plus fur les preuves que vous avez
» données de bravoure & d'intrépidité ; ce
» font des vertus héréditaires dans votre
» Maifon. Mais je me réjouis avec vous de ce
» que vous êtes libéral, généreux, humain,
» faifant valoir les fervices d'autrui, & ou-
» bliant les vôtres. C'eft fur quoi je vous fais
» mon compliment «.

(14) M. de Montaufier avoit le cœur fi
bon & fi tendre, quoi qu'on ait pu dire de fa
prétendue dureté , que jamais il n'a pu fe
trouver à un Confeil de Guerre, ni donner
fa voix pour condamner quelqu'un à mort.

(15) Nous en avons un exemple dans fes
préventions contre M. Defpreaux. Comme il
étoit le protecteur déclaré de Chapelain, avec
qui il avoit contracté une amitié étroite à
l'Hôtel de Rambouillet, il ne voyoit qu'a-
vec peine les vers de fon ami tournés en ridicule dans les Ouvrages du fatyrique François.
En toute occafion il faifoit éclater fon méc-
contentement contre un homme qu'il regar-
doit comme coupable à l'égard de Chapelain. Le Poëte n'ignoroit pas les fentimens

du Duc à fon égard. Pour gagner l'eftime &
le fuffrage d'un Seigneur auffi éclairé, il témoigna dans fon Epître à M. Racine la
peine qu'il reffentoit de n'avoir pu jufques-là
les mériter, par ces deux Vers :

Et plût au Ciel encor pour couronner l'Ouvrage,
Que Montaufier daignât y joindre fon fuffrage !

Ce trait obligeant reconcilia le Duc avec
M. Defpreaux ; & depuis ce moment notre
Poëte trouva toujours en lui un protecteur &
un ami généreux.

FIN.

APPROBATION.

J'AI lu par ordre de Monseigneur le Garde des Sceaux, un Manuscrit, intitulé : *Éloge de* CHARLES DE SAINTE-MAURE, DUC DE MONTAUSIER, *&c.* & je n'y ai rien trouvé qui puisse en empêcher l'impression. A Paris, ce 6 Août 1781. *Signé* GUYOT, *Prédicateur ordinaire du Roi.*